Mes quatre saisons

André Sève

Mes quatre saisons

Bayard Editions / Centurion
NOVALIS

Ces textes sont issus des
éditoriaux du P. Sève dans
la revue *L'Assomption et ses œuvres*

Sommaire

Préface

Écouter, s'émerveiller, communiquer...

Attachons-nous, avant de parler plus longuement d'André Sève, aux titres des quelque vingt-cinq livres qu'il a publiés à ce jour. Ils forment sans doute la meilleure introduction à sa vision de l'homme et du monde, que je me permettrai de condenser en un seul mot, le verbe le plus actif qui soit : vivre! Cela a commencé par un de ses ouvrages les plus insolites, un exploit du seul fait de son existence : *Toute une vie pour la chanson*, un livre-interview avec Georges Brassens, cet ours génial qui n'aura jamais accepté de se livrer qu'à un seul micro, celui d'un curé qu'il nommait avec une tendresse bourrue «frère André».

Depuis, la vie n'a jamais cessé d'enrichir sa bibliographie. *Vivre la foi aujourd'hui, Des chrétiens dans la vie, Avec Jésus, qu'est-ce que tu vis?* : des entretiens, là encore, avec les figures les plus illustres comme avec d'obscurs témoins de l'Évangile, d'humbles quêteurs du Dieu de vie. Et ces deux autres titres encore, très inégalement connus du grand public et que le cœur d'André aurait sans doute beaucoup de peine à départager, tant ils sont nés du plus profond de lui-même : *Le goût de la vie*, écrit au sortir d'une rude épreuve personnelle, a représenté pour des milliers de lecteurs la lumière salutaire qui indique une sortie possible du tunnel; et *Ma vie, c'est le Christ*, où André, religieux assomptionniste, retrace dans toute leur actualité l'œuvre et la pensée du fondateur, le P. Emmanuel d'Alzon. Un indicateur précieux pour situer les présentes pages, reprenant des chroniques de *L'Assomption et ses œuvres*, la revue des amis de sa congrégation.

La vie, donc. Et l'amour, et Dieu : deux autres mots clés dans les titres des livres d'André. Ce qui, à son avis, est tout un : vivre vraiment peut-il être autre chose qu'aimer? L'amour n'est-il pas le seul nom crédible de Dieu? C'est ici qu'il convient de restituer le parcours peu banal de notre ami. On ne va pas retracer toute sa vie, même au moment de l'espèce de bilan que forment ses *Quatre saisons*.

Si je me permets de juger peu banal ce parcours, c'est qu'il me semble être assez exemplaire. Au sens, d'abord, d'un repère pour ceux qui arrivent derrière. Le «gamin» que je suis à côté de lui peut bien le dire, avec à peine la moitié de son âge, mais en connaissance de cause : le chemin d'un tel aîné (quatre-vingt-six printemps, tout de même!) est largement capable de baliser celui des plus jeunes. Mais aussi, et surtout, exemplaire au sens où cette vie a accepté de se laisser guider par la force vive de l'Évangile du Christ, par le discernement des événements et par les appels des frères – soit les trois lieux où, pour chacun de nous, se donne à découvrir la volonté de Dieu.

Contentons-nous de quelques exemples de cette disponibilité, glanés au gré des «saisons» d'André. Elle a d'abord consisté à tout quitter à vingt ans : jeune instituteur de la «laïque», né dans la Drôme et exerçant en Savoie, il tombe un jour sur l'évangile de Jean (vous savez : «Dieu est amour», ou encore : «À qui irions-nous, Seigneur? Tu as les paroles de la Vie») et trouve en même temps sa voie. Il sera prêtre, religieux au sein

10

de la congrégation de l'Assomption. Il rattrape le latin, jamais étudié jusque-là, et s'engouffre dans une thèse de théologie, jusqu'au jour où le supérieur général en personne le convoque : «Petit père (c'est vrai qu'il ne frise pas le double mètre), je vous envoie à la Bonne Presse.» – «Mais je voulais prêcher!», répond notre jeune religieux. On lui réplique : «À la Bonne Presse, vous aurez cent mille lecteurs.» Il en aura bien davantage, et ne regrettera jamais d'avoir accepté cet envoi en mission. Il débute à *L'Almanach des vacances* dans les années quarante, devient rédacteur en chef de *Bayard* dans les années cinquante (où il crée les premières BD religieuses, dont une *Vie de Jésus* et la célèbre série des aventures de Thierry de Royaumont ; il en signe le scénario du pseudonyme de Jean Quimper). Les années soixante seront celles de *Rallye Jeunesse*, qu'il lance avec fougue et succès – 300 000 exemplaires… et la première interview d'un certain Johnny ! –, et de *Panorama* : il y parle livres et cinéma, poursuit ses désormais fameuses interviews.

Il faut en dire un mot, de ces entretiens, qui auront occupé André Sève pendant des jours et des nuits. C'est qu'il s'y investissait totalement, à un point que l'on imagine difficilement, non seulement en les préparant très longuement, mais en prenant le temps de rencontrer ses interlocuteurs durant des heures, à plusieurs reprises si nécessaire, puis en réécrivant presque totalement le fruit des entretiens (patiemment décryptés par Jeanne, sa fidèle assistante) pour en restituer l'essentielle substance. Dit comme cela, ça paraît de la trahison : quiconque comparerait froidement les interviews parues avec le «verbatim» des conversations pourrait conclure qu'André avait (presque) tout inventé. C'est tout le contraire qui se produisait : son art d'interviewer, resté pratiquement inégalé, consistait précisément à aller au plus profond avec les personnes qu'il rencontrait, au point qu'il pouvait restituer leur pensée avec les mots les plus justes – y compris ceux qu'eux-mêmes n'avaient pas su choisir. Et, toujours, ils se sentaient compris dans l'essentiel de leur vie.

La vie : on y revient encore. S'il est un secret dans cet art de l'entretien journalistique dans lequel André Sève était passé maître, il est là, lui aussi. Ainsi lors de cette enquête qu'il était parti mener sur la colline de Taizé : notre journaliste, cultivant la bonne «distance» déontologique, tirait les vers du nez à un jeune en se gardant bien de se livrer personnellement. Tout juste se présenta-t-il comme journaliste. «Je me fous de ta carte de visite, lui renvoya l'autre : ce qui m'intéresse, c'est ce que tu vis avec Jésus.» La gifle! Trente ans après, le P. André n'en est toujours pas revenu… Mais la leçon a porté : on lui doit cette implication forte, vitale, dans toute rencontre personnelle, qu'elle soit «gratuite» ou professionnelle. Et c'est elle qui, à un prix que nul ne soupçonnera jamais, confère à ses entretiens la vérité de l'essentiel. Autre choc, qui relève encore de la même disponibilité à l'Esprit : un reportage à Troussures, pour rendre compte des fameuses retraites prêchées par le P. Caffarel. Alors que notre journaliste prévoyait d'assurer le minimum requis (une journée sur place, quelques questions, des éléments d'ambiance…), on lui dit que ce sera toute la semaine, à titre de retraitant comme les autres, ou rien. Il fera donc la semaine, passant des heures en silence sur un tabouret, découvrant cet art de prier qui se nomme l'oraison : tout journaliste pris dans le tourbillon de l'actualité comprendra ce qu'une telle expérience peut avoir de déstabilisant. Si, de surcroît, il est religieux et que sa prière quotidienne s'est réduite au minimum depuis longtemps, pour d'«excellentes» raisons professionnelles, cela peut prendre les allures d'une révolution spirituelle. Ce fut le cas d'André : il n'en tirera pas seulement son premier livre, et sans doute le plus grand de ses nombreux succès, *Trente minutes pour Dieu*, mais une leçon de vie qu'il n'a pas fini de partager.

Cela sera toujours resté le grand étonnement du P. Sève : être devenu, lui, le petit instit et le plumitif de l'éphémère, une référence spirituelle durable pour des dizaines de milliers de lecteurs ! Il ne s'est jamais vu, pourtant, comme un gourou, et n'a jamais cherché à organiser quelque groupe nouveau. Il ne s'est pas érigé en donneur de leçons ni en leader d'opinion. Cet homme-là – il le sait bien – n'a pas vocation de théoricien, mais de témoin. C'est ainsi qu'il a toujours cultivé la capacité d'écouter l'autre, et de pouvoir ainsi s'étonner de ce que Dieu peut effectuer dans le cœur et dans la vie d'un homme, d'une femme, d'un enfant. À commencer par sa propre vie. En se reconnaissant d'abord soi-même comme un petit enfant dans la main de Dieu. S'il existe un «secret» d'André Sève, je le vois dans cette passion d'écouter, de s'émerveiller et de communiquer toutes les manières dont Dieu peut «travailler» l'homme et le monde. Une passion restée intacte – voire renforcée – au fil des années. J'allais dire : au fil des saisons. Non pas simplement pour faire écho aux chroniques que je vous laisse lire et relire maintenant (car ces textes se laissent toujours déguster à neuf), mais pour rendre justice à ce prêtre, à ce croyant. Car, s'il accumule les printemps, s'il sait faire goûter les étés et inventer les automnes, André Sève connaît aussi, dans son corps comme dans son cœur, la rudesse des hivers. Et c'est pourquoi sa parole peut rejoindre, de manière humble et juste, chacun de ses lecteurs là où il en est. Jamais pour produire un effet calculé. Toujours pour dire combien la vie vaut d'être aimée, quelle que soit la saison, pour cette unique raison : elle vient de Dieu et elle va vers lui.

Merci, André, pour nous l'avoir si bien dit!

Michel Kubler
assomptionniste
rédacteur en chef religieux de *La Croix*

Semaine sainte

Jamais la liturgie n'est aussi répétitive qu'à l'approche de Pâques. Mais la répétition peut enfanter ou la routine ou l'amour. La meilleure façon de s'engager dans la Semaine sainte, c'est de décider qu'elle sera pour nous la chance de réussir enfin à aimer.

On pourrait déjà rater les lectures de la Passion si on se préparait seulement à pleurer sur Jésus. Lui-même, au plus dur de son chemin de croix, trouve la force de nous avertir : «Ne pleurez pas sur moi, mais sur vous.»

J'en suis là, nous révèle-t-il de Gethsémani à la croix, parce que j'ai choisi de vous aimer tous et jusqu'au bout. Pleurez sur vous si vous ne voulez pas faire du choix d'aimer votre tourment et votre joie.

Aimer le Père quand il semble ne plus nous aimer : «Des profondeurs de l'angoisse, je remets ma vie entre tes mains.»

Aimer nos frères quand c'est fou de vouloir les aimer : «Père, pardonne-leur, ils ne savent pas ce qu'ils font.»

On ne va pas écouter la Passion pour compter les plaies du Christ, on y va pour être saisi par un amour qui nous forcera à penser : «Moi, je n'aime pas... Mais je veux et je peux aimer.» «Je peux» est le cri de Pâques. La Passion débouche sur la victoire et donc sur tous les possibles. Des portes s'ouvrent, nous dit la liturgie, les portes de la vie ressuscitée. Si je demande : Qu'est-ce que c'est, la vie ressuscitée ? La réponse de Pâques complète la Passion : devant la croix, tu as compris que tu dois aimer ; devant le Ressuscité, tu sais que tu peux aimer. La vie ordinaire ne cesse de nous dire le contraire : c'est impossible d'aimer sans arrêt, c'est impossible d'aimer X et Y. Pâques nous dit que nous pouvons être des vainqueurs au plus dur des combats pour aimer.

Trop beau pour être vrai ? Nous repensons à tel moment où nous n'avons pas été à la hauteur de l'amour. Ça recommencera forcément.

Avec une énorme différence qui prouvera que Pâques a marqué notre vie : désormais, chaque échec d'amour peut nous relancer dans l'amour. La grâce de Pâques n'est pas la grâce de la réussite, c'est la grâce de vouloir repartir en terre d'amour. Blessé, humilié, vaincu, et de nouveau superbe. Ce n'est pas une grâce de métamorphose, c'est une grâce de transfiguration : je reste le même, mais j'avance dans la lumière du Ressuscité et ses offres de force. C'est à cause de cela que des victoires d'amour sont possibles.

La preuve ? L'expérience. Au lieu de dresser seulement des mots contre le scepticisme ou pour fouetter l'espoir, il vaut mieux forcer un barrage anti-amour, faire l'expérience qu'on a pu aimer alors qu'on était tenté de baisser les bras.

Ce pardon qu'on s'arrache, ce oui à un engagement qui fait peur, ce don d'argent un peu fou, cette façon de porter la maladie, ce sont des expériences de vie ressuscitée. Après Pâques chantées, c'est Pâques vécues.

Le voyage immobile

Enfant, j'ai été enthousiasmé par les missionnaires qui s'en allaient aux glaces polaires et sous les feux de Ceylan. Journaliste à *Peuples du Monde*, j'ai retrouvé la fièvre missionnaire par les comités de rédaction, les visites, les lettres, les récits de la prodigieuse activité de ces femmes et de ces hommes qui étaient partis vers l'inconnu des pays et des cultures. Il faut ces grands départs. Mais un vieux missionnaire me prévint : « Ne te trompe pas sur la partance missionnaire. Ne partent bien que les ancrés. Et des ancrés peuvent aller très loin sans partir. Les grands voyages sont des voyages immobiles. » Je l'ai interrompu pour qu'il m'explique cette expression qui me surprenait.

Jésus, me dit-il, le voyageur qui venait de si loin, a voulu s'enraciner dans un petit village, puis sur une croix où, immobile, il sauvait le monde. Sa Résurrection l'a mis en contact avec tout l'univers. Mais il n'a jamais cessé d'être ancré en son Père. Avant sa venue (« Le Verbe était auprès de Dieu ») et après son départ (« Il est à la droite du Père »). Et pourtant près de nous (« Je suis avec vous jusqu'à la fin du monde »). Il est le plus immobile voyageur. Saint François-Xavier est allé très loin, mais il ne perdait pas cette présence. Sainte Thérèse de Lisieux, sans bouger de son Carmel, a accompli tant de voyages immobiles qu'elle est la patronne des missions.

17

Nous ne partons pour Dieu que dans la mesure où nous restons immobiles en Dieu. Sans cette union, nous ne sommes que des errants. C'est dans le plus étroit des cachots que saint Jean de la Croix a accompli ses vertigineuses montées. Mais c'est au cours de ses périples que Teilhard de Chardin a connu le Christ sur lequel il s'est centré. Je le répète : on ne part entièrement pour Dieu que si on est lié entièrement à lui. Sinon, celui qui part pour la mission risque d'en être un ouvrier superficiel et inquiet. « Mettez un inquiet sur un bateau qui fait le tour du monde, dit saint François de Sales, son inquiétude fera aussi le tour du monde. Ce n'est pas le lieu qui peut calmer un inquiet, mais la pacification intérieure. »

Je repensais à tout cela ces derniers temps, en lisant les explorateurs du spirituel qui ont raconté leurs multiples départs. Ils ont roulé sans rien amasser, une expérience a dévoré l'autre. Seul nous construit, pour Dieu et pour nos frères, le voyage immobile qui nous maintient auprès de la Source. C'est en nous ouvrant aux grands espaces intérieurs que nous pourrons partir vers n'importe quelle terre humaine.

Si nous voulons vraiment cueillir quelque chose du monde, ne perdons pas la présence. Par cet ancrage, toutes les mers deviennent immenses.

La gourmandise du présent

J'ai eu le coup de foudre pour un bénédicité que quelqu'un m'a rapporté de la Guadeloupe : « Le pain d'hier est rassis ; le pain de demain n'est pas cuit ; merci Seigneur pour le bon pain d'aujourd'hui. »

Quand l'âge commence à rétrécir nos horizons, quand nous multiplions les évocations de nos anciennes performances, il est temps de réagir. Si nous plongeons dans le rassis, si nous rêvons à du pas-cuit, nous allons gaspiller des « aujourd'hui » qui peuvent avoir belle allure.

Il suffit de regarder ceux et celles qui ont reçu la plus précieuse des grâces de la vieillesse : la gourmandise du présent. On la reçoit quand on comprend que le passé intensément actif est derrière nous et que le futur n'est pas très fréquentable sous son épée de Damoclès. Il nous reste à faire la cour à aujourd'hui. « Je t'aime, tu es du bon pain. »

Il faut évidemment y mettre du sien pour qu'aujourd'hui soit presque toujours bon. Oserai-je un mot qui m'a paru barbare mais que je ne déteste plus : « positiver » ? Éviter les réflexes négatifs pour garder l'appétit de vivre sans lequel on ne découvrirait pas ce que veut nous offrir le présent et ce qu'il nous demande. C'est ça, manger la vie : la recevoir et la prendre. En tenant compte qu'elle ne sera généreuse que si nous décidons d'être gourmand.

19

Décider doit devenir notre grande saisie volontaire du présent. Mais la volonté donne ses premiers signes de faiblesse quand justement il nous en faut dix fois plus. Vite, un peu de musculation! En faisant coûte que coûte ce que nous avons décidé, sinon les petites démissions s'enchaîneront vite.

Pourquoi faire ce nettoyage fatigant? Pourquoi accepter cette invitation, ce travail? Pourquoi rester trente minutes à l'oraison? Pourquoi attaquer un livre difficile alors qu'on est si *cool* devant la télé? Pourquoi? Parce que nous voulons manger le meilleur de la vie à notre propre portée entre un matin et un soir. Notre appétit? C'est la curiosité, le dévouement, l'envie de se donner jusqu'au bout.

Pour nous maintenant, le meilleur, c'est le possible. Voilà le beau nom du pain d'aujourd'hui. Avant, nous nous posions beaucoup de questions sur une seule difficulté. Maintenant qu'elles sont de plus en plus au pluriel, nous positivons en faisant coûte que coûte, sans questions, tout le possible.

Cela nous vaut le sourire de Dieu. Nous sommes entré dans une cohabitation avec lui plus soutenue, plus confiante. Le bon pain d'aujourd'hui, pour nous c'est la paix. Nous savons qu'il est là, que nous pouvons rester davantage avec lui pour nous habituer à l'inimaginable joie qui se rapproche.

Tant aimer le présent fait de nous un bon pain pour les autres. Qui prend le temps de fréquenter Dieu par le rendez-vous intérieur, et les hommes par l'affectueuse attention à ce qu'ils vivent ne peut pas être médisant, égoïste, hargneux ou triste. La gourmandise du présent, c'est la faim d'aimer plus que jamais, tant que cela reste possible.

Sérénité

J'ai envie de vous proposer une escalade, un projet
en or : conquérir la sérénité. Le livre de Pierre Talec
intitulé *La sérénité* a éveillé en moi le désir de vous
parler de cette paix intérieure qui pourrait transformer
notre vie personnelle et relationnelle. Je pense que le
temps des vacances se prête bien à une ascension vers
le calme. Dès le départ. Lorsque quelqu'un, homme ou
femme, prend le volant, il devient hargneux. Pourquoi
accepter cette loi aberrante ? Conduire posément, sans
perdre le sourire indulgent, serait un bon début.

Conquérir la sérénité exigera un deuxième combat :
se débarrasser de la notion très énervante du temps
perdu. Un car en retard, une personne en retard, la
queue pour la visite d'un musée ? Râler ne changera
rien et empoisonnera l'ambiance.

Je me souviens qu'une interminable attente dans un
restaurant faillit m'abîmer ma première journée à
Venise. Rêvant maintenant à la sérénité, je me dis
qu'une attente peut devenir une sorte de redécouverte
du temps-loisir. Rien à faire qu'attendre, c'est pouvoir
s'apaiser, bavarder avec un voisin, prier, apprendre à
 passer du temps avec le temps. Ce qui nous achemine
à mieux cueillir et cajoler les moments de sérénité.
Vous verrez, il y en a beaucoup plus que vous ne l'ima-

giniez, mais la rage de bouger et de faire du bruit en massacre beaucoup.

Profitons mieux des visites d'églises pour retrouver la sérénité perdue. Nous méditerons sur le délicat équilibre action-contemplation qui sera la richesse de notre vie au retour. Nous avons la chance d'être entrés dans une époque où les jeunes cherchent le silence pour des rendez-vous de paix avec Dieu. Il ne faudrait pas que les chrétiens plus âgés redoutent la prière du silence.

Si dans notre sac de vacances nous avons fourré de la culpabilisation, c'est le moment de bien regarder cette ennemie n° 1 de la sérénité. Oui, nous sommes coupable de ceci et de cela. Et alors? Jésus Christ est venu pour chasser les fausses culpabilités et pour transformer les vraies en amour. J'ai eu tort de faire cela, je le reconnais, je le regrette, en sachant bien que le seul vrai regret chrétien, c'est le désir de repartir pour aimer mieux. Sérénité du pécheur qui se sent pardonné et aimé. Devenu léger («Mon fardeau est léger», affirme Jésus, il faut le croire), il va pouvoir penser à la seule chose pure et importante : semer partout de l'amour. Sourire, écouter, aider, ne pas avoir honte d'être tendre, d'être soleil.

C'est une fantastique conversion. Nous sommes si vite juge, égoïste, dur, mauvaise langue. Nous sautons sur toutes les occasions de tuer l'amour, et il va falloir sauter sur toutes les occasions de rendre quelqu'un heureux. Ça s'appelle le saut de la sainteté, celle que Dieu attend de chacun de nous, à portée de main.

Vivre avec assez de sérénité pour être très vite prêt à dire oui dès qu'on a besoin de notre sourire et de notre main. Pour prendre cette décision de la sérénité aimante, choisissons bien le moment et le lieu. En vacances c'est facile. Montagne, rochers en bord de mer, chapelle de couvent, coin-prière dans l'église paroissiale. Lorsque plus tard nous rêverons à ces vacances, nous nous dirons : « C'est là que j'ai commencé mon départ en sérénité. »

Un pilier de paroisse!

— Figure-toi, me dit Antoinette, que depuis le synode diocésain mon mari est devenu un pilier de paroisse.

— Roger? Pas possible! Et tu es contente?

— Oui et non. Avant, j'emmenais seule les enfants à la messe. À table, il ne se gênait pas pour attaquer les curés et l'Église. Quand il revenait d'un enterrement, il disait qu'on chamboulait tout. Maintenant il dirige une équipe «Mort et Résurrection», pour accompagner des gens dans leur deuil. Tu vois ça! Il s'occupe des finances de la paroisse et du journal. Trop, c'est trop. Viens dîner un soir pour voir tout ça avec Roger.

J'ai vu. J'en étais encore aux vieilles images de la paroisse, le côté vieillot, ghetto, pieusard.

— Mets ta montre à l'heure, me dit Roger. Ma paroisse, c'est de la super-activité.

— Ça tient à quoi, ta conversion? Tu étais férocement Action catholique, puis aussi férocement rien du tout.

— Le synode! Je ne sais comment j'avais accepté d'être délégué, et j'ai eu le coup de foudre. J'ai vu que, puisque je suis baptisé, l'Église, c'est mon affaire, le diocèse, c'est mon affaire, la paroisse, c'est mon affaire.

— Disons, fait remarquer Antoinette, que l'arrivée du père Jacques a bien arrangé les choses.

25

— C'est sûr. Un curé comme lui, ça vous donne la tripe paroissiale. Le contraire des curés qui régentaient tout. Alors là, puisque la paroisse c'était leur affaire, on allait tout juste à la messe et on laissait le curé se débrouiller tout seul. Le père Jacques, il sait vous dire : « Viens, ça vaut le coup. Accepte de te mouiller, on va faire des trucs formidables. » Il a le don de dénicher les compétences. Des mamans catéchistes, des animatrices de la liturgie, des religieuses étonnantes, des présidents de ceci et de cela. Il te lance et il te laisse aller, on sent qu'il a confiance et tu fais deux fois plus.

— Tout va si bien que ça, maintenant ?

— Non, je ne suis pas naïf. Les mentalités ne bougent pas vite. Il y a les nostalgiques : « Avant, on avait une bonne chorale ; avant, on apprenait vraiment le catéchisme aux enfants ; avant, les sermons parlaient de Dieu et de la Sainte Vierge. » Ils ont fait beaucoup pour la paroisse, et c'est dur pour eux de voir tant de choses changer. Le père Jacques essaie d'arranger ça en expliquant beaucoup. Mais il y a aussi ceux qui le veulent rien que pour eux alors qu'il cherche des contacts avec tous les gens du quartier. Il nous inocule le virus de la mission.

— Roger, tu m'épates. Toi qui étais si individualiste…

— Tu touches juste. Ma conversion, elle est là, quand j'ai compris que les chrétiens individualistes, c'est aberrant. Et quelquefois individualistes en petits groupes où on a le même standing et les mêmes idées. Je crois qu'il n'y a que la paroisse pour rassembler les gens les plus divers, c'est ça qui m'a conquis. Le père Jacques favorise toutes les spécialités, la liturgie, le Secours catholique, l'ACAT, le jumelage avec une paroisse du Burkina-Faso. Tous les scouts, la JOC, le

Rosaire et l'ACO. Mais il veut qu'on se connaisse et que de temps en temps on fasse une grande boum paroissiale. Il dit qu'une paroisse, c'est cent choses mais un seul cœur.

La famille partage

Surprise à midi chez les Vatrin. On commence le repas par la prière, que dit très bien Jean-Jérôme, dix ans.

«Bénis-nous, Seigneur, bénis ce repas...» J'attends la suite que je déteste : «... et procure du pain à ceux qui n'en ont pas.» Nous, on va bien manger, et toi, Seigneur, débrouille-toi avec les affamés. Mais j'entends : «Et donne-nous la passion du partage.» Du coup la conversation s'est engagée sur le partage.

— Au bout des discussions sur les nouveaux pauvres et sur la précarité, dit M. Vatrin, je lance toujours : «Bon, et maintenant, qu'est-ce que nous allons donner?» Ça jette un froid. Tant qu'on reste dans les théories, tout va bien, mais s'il faut signer un chèque on hésite. Nous les chrétiens, nous ne voulons pas nous l'avouer, nous sommes des avares.

— Et plus on est à l'aise, ajoute Mme Vatrin, plus on est avare. Je le dis parce que nous sommes restés longtemps comme ça : très précautionneux à l'idée de donner. Au cours d'une retraite, nous avons été retournés par le prédicateur qui parlait du partage un peu fou.

— Je vous trouve trop durs pour les chrétiens, ils donnent beaucoup d'argent, en vêtements, en temps pour dépanner les gens, il suffit de lire le journal du Secours catholique ou du CCFD.

— Je suis bien d'accord, dit M. Vatrin, mais ma femme vous a dit que ce qui nous avait frappés, c'était l'idée de ne plus être trop sages pour donner. L'Évangile n'est pas sage.

— Qu'est-ce qui nous retient, d'après vous, au bord du partage un peu fou?

— La prudence! s'exclama Mme Vatrin, la peur de manquer. On dit bien : «Donne-nous notre pain quotidien», mais on n'y croit pas, on croit au compte en banque. Nous sommes tous un peu égoïstes. Après la retraite, le Seigneur nous a donné une seconde grâce : le courage d'examiner pourquoi nous partagions si petitement. Là-dessus est arrivé le Carême, on a commencé à être un peu fous.

— Ça m'a donné, dit M. Vatrin, le sentiment que j'habitais enfin dans l'Évangile. Des mots qui avaient glissé sur moi prenaient leur force : ne vous faites pas tant de soucis, vous avez un Père dans les cieux! Donnez à pleine mesure débordante.

— Des gens comme l'abbé Pierre et mère Teresa, dit Mme Vatrin, sont une bonne pub pour le partage fou. «Donnez, dit mère Teresa, jusqu'à ce que ça vous fasse mal.»

— Vous voudriez que tous les chrétiens se lancent dans le partage fou?

— Pourquoi pas? Ça changerait le monde. Mais il faut attraper le virus très jeune et rester tenace. Nous faisons constamment la guerre ici, en famille, à l'égoïsme et à la crainte de manquer. Nous nous corrigeons mutuellement, les parents et les enfants.

— C'est moi, dit Jean-Jérôme, qui préviens les parents quand ils s'inquiètent trop, je leur dis : «Vous n'êtes plus avec Jésus.»

— Et les autres, Cathy et Étienne, ça vous va?

— Quelquefois, dit Cathy, ça me fait gros cœur de me priver d'un compact ou d'un joli pull, mais c'est géant : on n'est plus esclave de rien !

On rentre

Le train roule vers la ville. Finies les vacances, la mer est déjà loin. Et les journées de farniente, les belles soirées sous les marronniers. Adieu, le paradis, on retourne en enfer. Onze mois d'enfer pour un mois de paradis, c'est ça, vivre? La journée pour le soir, la semaine pour le week-end, l'année pour les vacances?

Il y a quelque chose de tordu dans ce partage de la vie en mois d'or et mois de grisaille. Une parole sourd dans ma rêverie : «Je suis venu, dit Jésus, pour qu'ils vivent» (Jean 10, 10). Pas seulement le dimanche. Pas seulement en vacances. Toute journée nous est donnée pour vivre intensément. L'intensité dépend évidemment de ce que nous avons à faire. Je sors, le matin, à l'heure des éboueurs, ils sont pressés, un seul me fait toujours un signe de la main avec un sourire. A-t-il reçu le don d'un caractère inlassablement heureux?

Même si on n'a pas reçu ce don, pourquoi ne pas essayer de faire face aux aléas de la vie en comptant mieux nos cartes de joie : la santé, un travail qu'on aime, des gens qu'on aime. Avec tout cela, mitonnons des jours heureux, vacances ou pas. Mais quand manque une carte, et même deux, et parfois trois? Retour vers la grisaille en attendant les prochaines vacances?

«Je suis venu pour qu'ils vivent.» Je peux aimer davantage ce que je vais retrouver, ne serait-ce qu'en cultivant mieux les joies de vivre avec les autres. Je peux vivre plus intensément les joies familiales, m'ouvrir davantage à l'amitié. En connivence étroite avec Dieu. Il n'est pas le Dieu des vacances, il est le Dieu de tous les jours, de toutes les heures. Quand saint Augustin se plaignait de son absence, il lui répondait : «Mais je suis toujours là, c'est toi qui n'es pas là.»

Être là, avec lui, dès la première prière du matin, et ne pas le perdre, se dire et se redire qu'on reste avec lui, non seulement dans la prière, mais quand nous faisons le mieux possible notre métier d'homme. Une vieille sentence m'a toujours enchanté : «À celui qui fait ce qu'il peut faire, Dieu ne refuse pas son amour.»

Je rentre vers son amour. Je ne renie pas le bonheur des vacances, mais je peux m'ouvrir tout de suite au bonheur de faire ce que j'aurai à faire, sous le sourire de Dieu.

«*On peut tout se dire...*»

J'ai été invité chez des amis le lendemain de la grande soirée télévision «Tous contre le sida». Il y avait là, avec papa, maman et la grand-mère, trois enfants : Aude, dix-sept ans, Pierre, quatorze ans, et Thibaut, douze ans.

— L'émission était trop longue, dit la maman, on a arrêté à 23 heures. Pas sans protestations ! Mais c'était suffisant pour voir de quoi il s'agissait. Nous avons beaucoup de questions. Les questions étaient classiques. Pourquoi le pape est-il contre le préservatif ? Pourquoi l'abbé Pierre s'est-il mis du côté du pape ? Comment le sida est-il contagieux ? Est-ce que c'est mal d'être homosexuel ?

J'ai été frappé par l'effort des parents pour écouter et se faire comprendre. Une famille où on peut dialoguer à ce point, quasiment à égalité, est une merveilleuse école d'éducation des consciences.

J'ai particulièrement admiré la ténacité patiente du papa. Je voyais qu'à partir du préservatif comme précaution purement mécanique et extérieure il voulait aller jusqu'à la notion intérieure de responsabilité.

C'était un chemin difficile. Au début, les enfants répétaient ce qui traîne partout contre le pape : «C'est criminel de s'attaquer au préservatif !» Mais peu à peu on en est venu à distinguer les cas, finalement assez

35

rares, où le préservatif est absolument nécessaire, et l'immense sécurité que procure l'amour fidèle et, avant le mariage, le refus du vagabondage sexuel.

— Si on veut faire toutes les expériences, disait la maman, on s'expose à des dangers et on expose les autres.

— C'est quand même moche de se limiter, objectait Pierre. Vivre, pour moi, c'est tout essayer. Sinon on n'est pas libre.

Alors s'engagea un débat sur la responsabilité. Aude voyait bien que, quand on met en avant la liberté, il faut tout de suite parler des conséquences de cette liberté et donc se sentir responsable.

— Voilà le vrai terrain de la lutte contre le sida, approuva le papa, l'effort personnel, responsable, de ne pas accomplir des actes qui risquent de mettre en danger notre vie et celle des autres.

— Mais le préservatif, maintenait Pierre, c'est bien pour éviter les dangers.

La discussion a repris presque à zéro. Heureusement, les parents restaient calmes. La grand-mère, elle, s'énervait ; elle affirmait qu'on avait tort de laisser les jeunes beaucoup trop libres de parler de ces choses.

Autre mentalité, celle d'hier. Elle ne convient plus à notre époque où tout doit pouvoir se débattre. Je me rappelle l'exclamation de Jean-Louis, un garçon de quinze ans : «Chez nous, on peut tout se dire.» Je crois que c'est le plus beau cri de bonheur familial.

Peut-on toujours bénir Dieu ?

Je viens de chanter avec la communauté le cri d'enthousiasme familier : «Je bénirai le Seigneur, toujours et partout !» Mais j'avais un gros souci, et le cœur n'y était pas. Seul, maintenant, je m'interroge : Peut-on vraiment toujours bénir Dieu ? Et d'abord, qu'est-ce que cela veut dire ? D'une manière générale, c'est s'émerveiller de sa générosité : «Tu visites la terre, tu lui donnes l'eau et la fertilité. Les collines se revêtent d'allégresse. Les prairies sont couvertes de troupeaux. Les vallées se parent de gerbes. Ô les cris de joie et les chansons !» (Psaume 65). Chaque printemps, notre sang frémit ainsi comme la nature, nous avons envie de dire merci à Dieu : «Que tes œuvres sont belles ! Que la vie est belle ! Seigneur, je te bénis.»

Mais les mauvaises nouvelles dans les médias, la visite d'une maman qui vient me parler du suicide de son fils, mes propres ennuis de santé cassent mon élan de bénédiction. Quand on rumine le mal, on ne peut plus bénir Dieu. Alors on le tue. S'il n'est pas le Béni, il n'est pas Dieu. Je vois soudain l'importance de la bénédiction : bénir Dieu, c'est le proclamer Dieu. Rester triste, accablé, c'est dire à Dieu : «Quel Dieu es-tu, puisque tu ne peux pas nous rendre heureux ?»

Quand je glisse dans ces pensées pessimistes, j'ai mon remède : le chapitre 8 de la lettre aux Romains, et surtout le verset 28 : «Tout concourt au bien de ceux qui aiment Dieu.» Est-ce un tour de passe-passe? Déclarer que ce qui est mauvais est bon, c'est peut-être pieux mais maso, mensonger.

Non, Dieu travaille pour que tout soit bien pour moi. Et quand j'adhère dans la foi et dans l'amour à ce qui m'arrive, je travaille avec lui pour faire produire à l'épreuve des fruits de sainteté et donc de bonheur.

La difficulté, bien sûr, c'est de ne pas lâcher l'amour quand survient l'épreuve. Une autre parole de Jésus nous éclaire : à Dieu rien n'est impossible. Je peux toujours le bénir parce qu'il rend toujours tout possible.

Adhérer à notre vie

En quoi Marie est-elle le plus notre modèle ? En force d'adhésion à ce que Dieu attend de nous. De Marie il attendait quelque chose de stupéfiant : « Je veux devenir un homme, et pour cela, Marie, je te requiers. »

À cette mission inouïe, Marie a adhéré d'une manière exacte. Elle a quinze ans, elle vit dans un petit village d'un petit pays, et pourtant elle se hausse instantanément sur les sommets vertigineux où Dieu l'appelle : « Seigneur, je veux servir ton dessein. » Elle s'engage en plein inconnu, elle va marcher dans la nuit, et toujours elle sera exactement ce qu'elle doit être.

La liturgie la faisait proclamer, dans un ancien office : « Placui Altissimo », j'ai plu au Très-Haut. Personne n'a plu à ce point au Seigneur. C'est vraiment la chose à demander à Marie : Comment plaire à Dieu ? Rien qu'à la regarder, nous évitons la pire erreur : croire qu'on plaît au Seigneur en faisant de grandes choses. Alors, on s'envole dans les nuages et on y reste. On n'apprend pas à regarder ce qui, dans notre quotidien le plus terre à terre, nous donnerait le moyen de plaire à Dieu et d'être grand en faisant tout grandement.

C'est trop simple ? Non, et c'est là que Marie est notre modèle. Elle a pratiqué une sorte de méthode d'adhésion à la vie que l'Évangile nous révèle et qui peut devenir une adhésion telle que nous accomplirons tout désormais si grandement que Dieu sera enfin heureux de nous regarder vivre. Comme il était heureux de voir Marie faire le ménage ou se tenir debout au pied de la croix.

L'adhésion exige trois choses. Premièrement, l'attention, pour bien accueillir ce qui nous arrive, sans *a priori* ni appréhension, et si possible avec intérêt : voilà ce que je vais avoir à vivre. Deuxième mouvement d'adhésion, une méditation. Courte s'il s'agit d'une chose facile. Longue si ce qui nous tombe dessus est déconcertant et pénible. Ne rien écarter par peur ou dégoût. Rester sous le regard de Dieu, dans la lumière de l'Esprit. « Marie retenait tout et le méditait. » Tout ! Ne s'évader de rien. Notre vie n'est pas ailleurs, mais là.

Troisième mouvement, notre oui. « Qu'il me soit fait selon ta parole. » La parole de Dieu, c'est le plus souvent ce que la vie nous demande.

Si nous adhérons aussi fortement à tout, nous plaisons à Dieu et nous marchons vers lui. Mais quand nous tournons le dos à quelque chose de notre vie, nous tournons le dos à Dieu.

Intériorisons

Saint Augustin nous révèle le secret de la «vie intense» : le retour fréquent à l'intérieur de notre cœur.

Il a connu bien des griseries extérieures : les territoires de la chair et les explorations intellectuelles. En y repensant il a ce cri : «Elles sont agréables, les joies extérieures!» Mais l'expérience des jardins de l'âme lui a donné une certitude : si l'extérieur semble pouvoir nous offrir les joies dont nous avons faim, jamais il ne nous conduit à penser : La vie heureuse est là!

Augustin n'a cessé de partir en croisière vers ces pays de l'intériorité où l'on est sûr de rencontrer Dieu : le Verbe est descendu ici-bas, lui notre vie. Puis il est parti loin de nos yeux afin que nous revenions à notre cœur pour le trouver.

Certes, pour le rencontrer il y a l'eucharistie, nos frères, la Bible, la nature. Mais ces rencontres ne sont fructueuses qu'en passant par une rencontre intérieure. Voilà pourquoi l'oraison est si importante. Elle nous emmène vers la mystérieuse mais très sûre présence de Dieu en nous. Elle nous fait trouver le repos grâce auquel tout peut être rencontre pleine : «Tu nous as faits mouvement vers Toi et notre cœur est sans repos tant qu'il ne repose en Toi.» Nous avons tendance à chercher Dieu au bout de nos découvertes extérieures, mais Augustin nous apprend à inverser ce

41

mouvement : Commencez toujours par le voyage intérieur et le repos dans la lumière de Dieu. Elle donnera tout leur prix aux richesses extérieures, que nous pourrons alors utiliser sans perdre Dieu.

Pour Augustin, l'extérieur, c'est le monde, qui peut nous arracher à notre intériorité ou être au contraire éclairé et apaisé par cette intériorité. L'univers augustinien n'est donc pas le monde ou Dieu, ni même le monde et Dieu. C'est une trilogie : le monde, notre âme et Dieu, c'est-à-dire le monde et Dieu en passant toujours par notre intériorité.

Ce retour à Dieu en nous peut changer constamment notre vie en douceur et en force. Nous sentons bien que la vie au balcon, amusée et éparpillée, nous vole la vie intense et solidement heureuse. On a mis récemment un mot à la mode : «Positivez.» Augustin nous en propose un autre : «Intériorisez.»

Se passionner pour l'unité

Incompréhensible! À partir de l'Évangile trois univers chrétiens se sont créés : orthodoxes, catholiques et protestants. La vie les a rendus de plus en plus différents et hostiles.

On se résignait. On finissait par vivre comme si les autres n'existaient pas. Pourtant, chez les catholiques on rêvait d'une unité retrouvée par «le retour au bercail». Orthodoxes et protestants allaient revenir à Rome en avouant : «Vous seuls, catholiques, êtes dans le vrai.» C'était vraiment du rêve, et on s'est réveillés. En 1950, à la première conférence missionnaire générale d'Édimbourg, on a enfin réalisé que cette division ne pouvait plus durer, mais que le chemin de l'unité ne passait pas par le suicide des orthodoxes et des protestants. Tous devaient exister à fond, se comprendre et sympathiser.

En 1948 fut fondé à Amsterdam le Conseil œcuménique des Églises. Un mot qui évoque le globe terrestre et tous les hommes (du grec *oikouméné*, toute la Terre).

C'était un bel effort d'union, mais l'Église romaine resta sur la réserve jusqu'à Jean XXIII et Vatican II, qui optèrent résolument pour cette recherche «œcuménique» de l'Unité, c'est-à-dire la réalisation d'une certaine vie commune : «Nous pouvons vivre différemment mais ensemble le même Évangile.»

43

Alors, pourquoi encore des divisions et des hostilités? La masse s'impatiente, surtout les jeunes. Mais les autorités avancent prudemment à cause de deux dangers. Le sentimentalisme : « Il suffit d'aimer. » Et la confusion : « Catholique ou protestant, tout se vaut. » Les œcuménistes sérieux sont lucides et patients. Au lieu d'une vague union immédiate, qui recouvrirait de profonds malentendus comme un mauvais pansement recouvre une plaie qui va s'infecter, ils poursuivent une œuvre lente de purification des idées et des comportements. Selon la belle prière du père Pernet que chantent avec tant de ferveur les Petites Sœurs de l'Assomption : « Mon Dieu, faites l'unité des esprits dans la vérité, et l'union des cœurs dans la charité. » Chacun doit creuser sa propre vérité pour pouvoir s'ouvrir à la vérité que l'autre a aussi creusée. Ainsi se formera une unité évidemment difficile mais riche, et cette tâche devrait enthousiasmer tout chrétien. Malheureusement on se heurte à une sorte de perplexité : « Moi, petit soldat, qu'est-ce que je peux bien faire? »

Quatre choses simples.

— Participer le plus activement possible à la Semaine de l'Unité. Chaque année naissent là des vocations œcuméniques.

— Chercher des rapports amicaux et s'engager dans des actions communes avec nos frères orthodoxes et protestants.

— Se documenter, pour ne pas répéter des erreurs qui chaque fois réveillent les vieux ressentiments.

— Développer un réflexe essentiel : penser large.

Sauvons nos matins

Peut-on personnaliser les vacances? Leur donner une couleur qui nous fera dire plus tard : «Ah! ces vacances!»?

Je vous propose des vacances marquées par un acharnement à sauver les matins. Ils seront forcément différents, selon la forme physique, la pluie ou le soleil, le souci que le sommeil avait anesthésié. Mais tous, ils peuvent être une douce et puissante saisie de la vie à sa source, le matin. Si nous commençons par un grand bonjour à nous-même, un fort éveil. Ce que Durkheim appelle : «être là» ou, si vous préférez, un *stop and go* : s'arrêter pour bien se lancer.

Vous me voyez venir : je vais vous dire de faire une oraison matinale? Oui. Je ne connais pas de moyen plus efficace pour «virginiser» un matin, quel qu'il soit.

Si vous pratiquez ordinairement l'oraison véritable, un moment devant Dieu en total silence, donnez-lui toutes ses chances pendant ces vacances. Soyez jaloux pour elle, ne lui préférez rien. Je puis vous affirmer que ces premières trente minutes pour Dieu vous donneront des jours pleins. Il faudra parfois arracher ces minutes à un mal de tête. Prenez une aspirine. Plus souvent il faudra les arracher à une envie de faire autre chose de plus important, plus urgent. Non! Pour gagner un peu vous allez tout perdre.

Mais si vous ne faites pas oraison? Belle occasion pour commencer ou pour reprendre. Ça les marquerait, vos vacances! Prenez au moins, c'est toujours possible, un quart d'heure de solitude au grand air. En stoppant la télé intérieure pour ne penser qu'à une chose : «Je veux vivre à fond ce jour nouveau.» Vous êtes alors celui, celle qui se prépare à écouter la vie. Ces vacances auront pour couleur d'être les vacances de l'écoute. C'est très difficile d'écouter. Si nous revenons de ces vacances en rapportant une toute neuve puissance d'écoute, le sac du retour sera riche d'un grand trésor.

Quand écoutons-nous vraiment Dieu? Essayons de vrais rendez-vous avec nos messes de vacances et nos visites d'églises. Il n'y a pas que le crucifix du XIIᵉ siècle ou le baptistère carolingien, il y a la présence eucharistique, qui est toujours une leçon de vie donnée. Personne ne s'étonnera que des chrétiens se mettent en brève écoute de Dieu. Écoutons mieux aussi la mer et la montagne, tant de beautés qui nous murmurent que Dieu est beauté. Nous l'avons peut-être oublié. Si nous sauvons nos matins, nous saurons voler dans la journée quelques moments de silence qui feront ensuite de nous de meilleurs écouteurs fraternels.

La difficulté, ici, c'est d'apprendre à aimer la différence. Elle est souvent la messagère inattendue de Dieu. J'ai appris cela en faisant des interviews, qui sont la plus exigeante école d'écoute. Soudain une vie s'ouvre, ouvrant la nôtre si nous pouvons nous oublier, accepter d'avancer en terre étrangère. Que c'est beau, les vies d'hommes et de femmes! Encore des choses à rapporter : pas seulement des photos, mais des visages nouveaux de la vie.

Si nous sauvons nos matins!

Quoi de neuf?

Après la bougeotte et les féeries des vacances, la rentrée pourrait n'être qu'une banale replongée dans la routine : «On remet ça.» Non, si nous le voulons nous avancerons dans du neuf. Bien sûr, cela va dépendre des circonstances et des événements, mais encore plus de notre éveil. L'idée force, c'est de faire de la rentrée un temps de réveil. Nous avons perpétuellement le choix entre la routine et la nouveauté. Là où il n'y a pas, semble-t-il, de nouveauté on peut en faire.

Déjà, sur notre entourage, nos yeux plus découvreurs vont nous faire dire : «Mais je ne la connaissais pas! Je ne l'avais jamais vue sous ce jour-là.» Même notre environnement peut profiter de notre fringale de neuf. Un peu de peinture, un nouveau meuble, beaucoup de rangements.

La meilleure façon de bien repartir, c'est de marquer très nettement un stop. Un week-end spirituel, par exemple, nous permettra de faire le point et de réveiller l'enthousiasme pour ce que la routine avait presque tué : la messe du dimanche, l'oraison du matin, la lecture de la Bible. Plus tard nous dirons : «C'est à la rentrée que j'ai découvert la première lettre de saint Jean.» Le plus neuf sera peut-être notre oui à un engagement qui va changer nos horizons. Là encore la rentrée sera une date dans notre vie : «J'avais longtemps hésité, mais cette fois je me suis lancé.»

Ou, à l'inverse, l'allégement raisonnable d'une vie surchargée par des cumuls jamais remis en question.

Le tout est de casser une monotonie qui nous endormait, même en plein affairement non contrôlé. La vie éveillée n'est pas une agitation devenant très vite routinière, et pas non plus un long fleuve tranquille. L'image est belle, mais fausse. Il y a des remous, des crues et des sécheresses. À accueillir en bel état d'éveil. Et pour cela rien ne vaut le coup de gong de la rentrée. On n'est jamais assez éveillé pour bien saisir la vie. On dit : «Comme le temps passe vite!» Mais c'est parce qu'on ne l'a pas assez agrippé. La bonne rentrée, c'est une telle reprise en main de la vie qu'elle sera neuve.

Noël? Oui, mais...

Noël devient un lancinant «oui, mais»...

Oui, c'est la fête la plus populaire, la fête des vitrines et des cadeaux. Oui, c'est la grande fête familiale et, de plus en plus, la fête fraternelle où l'on invite les démunis et les esseulés.

Mais pourquoi tout cela, sinon parce que c'est l'anniversaire du plus grand événement de l'Histoire : Dieu en personne venant chez nous! Une voix balaie nos pensées et nos soucis, la voix de l'ange qui crie aux bergers : «Je vous annonce une grande joie, aujourd'hui vous est né un Sauveur!» Celui qui peut transformer les hommes en êtres fraternels.

Noël n'est Noël que si dans le monde et dans chaque cœur résonne ce cri de bonheur : «Le Sauveur des hommes vient de naître.» Le Messie! Et l'inouï de cette annonce, c'est que ce Messie tant attendu est Dieu lui-même venu en notre chair. Noël est la fête de notre fabuleuse dignité. Chaque année, une nuit nous est donnée pour revivre l'inimaginable promotion : si le Verbe s'est fait chair, c'est que notre chair et notre monde pouvaient porter cette gloire.

À Noël, Dieu a ouvert des yeux d'homme sur sa création. La plus saisissante évocation de ce moment unique, c'est la «Proclamation solennelle de la Nativité du Messie», au début de l'Office : depuis le commen-

49

cement, il y a des milliards d'années, roulent les galaxies dans l'immense univers. Depuis des millions d'années la Terre a vu apparaître les hommes. Depuis près de deux mille ans, Abraham s'est mis en route vers l'inconnu. Six siècles depuis la vie de Bouddha, cinq siècles depuis la mort de Socrate. La quarantième année du règne de l'empereur Auguste, à Bethléem de Judée est né de la Vierge Marie Jésus Christ, fils du Père éternel.

Qui furent les premiers à fêter Noël? Des bergers tout proches et des mages très lointains, éternels symboles de ceux qui arrivent devant la crèche. À côté de l'émerveillement spontané des cœurs simples, la longue quête des cherche-Dieu. Festoyons à Noël et aimons-nous le plus possible, mais sans oublier que les joies, les cadeaux et les tendresses de cette nuit s'appellent Jésus.

Ressusciter?

On parle beaucoup de vie à Pâques. Mais passé la joyeuse effervescence des Alleluia et des «Jésus est vivant!», nous voici replongé dans la vie ordinaire avec une question toute bête : «Comment vais-je être plus vivant?»

Premier mouvement instinctif : «Qu'est-ce que je dois changer dans ma vie pour qu'elle soit intense?» La bonne réponse c'est : «Ta vie sera plus intense si, tout de suite, tu l'aimes davantage telle qu'elle est.» On évite ainsi les pièges des si, des ailleurs et des demain. «Si avec X ça allait mieux... Si je pouvais changer de situation... Quand je serai débarrassé de ce souci...» Tout irait-il mieux? Vivrais-je plus à fond?

Ignace de Loyola balaie assez rudement cette illusion. Il écrit à un jésuite qui se plaint de sa vie et voudrait changer de région. «Votre manque de paix ne vient pas du lieu où vous êtes, ni du supérieur, ni des frères, mais de vous. De votre peu d'humilité, d'obéissance et de ferveur. Si vous ne changez pas votre homme intérieur, en tout lieu vous demeurerez le même. Vous serez bon là où vous êtes, ou nulle part.»

La première avancée en terre pascale, c'est de ne pas bouger. Il ne s'agit pas de changer notre vie, mais de mieux la regarder, avec le plus d'amour possible. C'est là-dedans que je dois ressusciter, c'est là-dedans

51

que je suis appelé à la sainteté. En exploitant mieux tout le présent. La véritable victoire de Pâques est le pouvoir que nous donne le Christ ressuscité de transfigurer notre vie actuelle. À la manière zen : tout vivre plus consciemment, plus amoureusement. Je dois me raser ? Je me rase. Je dois boire ma tasse de café ? Je la bois. Avec de l'amitié pour les objets, pour l'arôme du café, l'odeur et le craquant du pain grillé. Exploiter le présent de notre vie, c'est d'abord savourer les joies les plus simples. Nous sommes beaucoup trop distraits à l'égard des joies.

Les désagréments et les souffrances capteront suffisamment notre attention, pas besoin d'en rajouter ! Mais j'ai failli refermer ma fenêtre sans voir que ce matin l'aurore est une fête. Mes trois boutons de rose se sont épanouis et je ne me suis pas nourri de leur beauté. Vivre davantage dans l'admiration, c'est vivre davantage dans la résurrection. Refuser que des actions ne soient que des corvées, c'est permettre à la vie d'être victorieuse de la mort.

Deuxième exploitation très possible de notre vie : l'invention constante de la fraternité. Si tu n'aimes pas, dit Jean, tu es un mort. Ce ne sont pas des mots en l'air. Je suis un vrai vivant, pleinement uni au Vivant de Pâques, tout simplement quand je souris, quand je dis un mot aimable, quand je rends un service avec empressement, quand je discute sans vouloir mettre tout de suite mon interlocuteur KO. Et donc malheureux. Quel pouvoir résurrectionnel, être soleil pour tous ! « Mon Dieu, dit la Doña Musique de Claudel, vous m'avez donné ce pouvoir que tous ceux qui me regardent aient envie de chanter. »

Tout cela vous paraît simpliste ? Essayez… Entrez tout de suite et obstinément dans plus d'amitié pour votre vie et dans l'amour minutieusement concret de votre entourage.

On a dit méchamment que les chrétiens sont des gens de l'intentionnalité.

Que Pâques nous fasse devenir des gens de la réalisation.

La différence, c'est la vie !

Les Journées mondiales de la Jeunesse sont une extraordinaire expérience de la différence. Des jeunes de tous les pays découvrent la France, et les Français de tous âges apprennent sur le tas que la si vague expression «les jeunes» cachait une fabuleuse variété de comportements.

«On vient à ces journées, disent les jeunes, avec la pensée de rencontrer et de découvrir d'autres jeunes.»

Mais il y a aussi tous les moins jeunes qui voient, écoutent et reçoivent cette jeunesse différente.

«Différence», c'est bien la valeur clé pour qui veut profiter au maximum de ce grand brassage des *looks* et des mentalités. Théoriquement, la différence est maintenant à la mode. On rougirait de paraître fermé à d'autres manières de se comporter. Mais la brutale proximité de la différence et l'obligation de «faire avec» mettent vite à l'épreuve les simples attraits folkloriques. Un ami qui vit en HLM dans la banlieue me disait : «Je ne suis pas raciste, et pourtant je ne peux plus supporter les Maghrébins de la résidence.» L'ouverture paisible aux différences n'est donnée à personne, elle est non seulement une véritable conquête, mais une conquête toujours remise en question.

Le premier pas ne peut être que très volontaire : je veux devenir à tout prix quelqu'un qui sait cohabiter

55

avec les différences. Seule cette décision va permettre de m'enrichir de tout le positif et de surmonter le négatif toujours sur le point de surgir. Je me croyais un champion de l'accueil à la différence et soudain je m'aperçois que X m'agace prodigieusement parce qu'il a toujours l'œil sur sa montre. Suis-je ridicule? Sûrement. Mais cherchez pourquoi vous supportez mal X ou Y!…

On croit apprivoiser la différence avec un slogan : «Différents mais complémentaires.» Il vaudrait mieux penser : Différents mais plus riches. La complémentarité est rarement évidente. Seul le plaisir d'élargir nos horizons est une richesse sûre, et une parade contre le désamour. Une amitié avorte, un couple se défait, une équipe devient un lieu de tensions, parce qu'on a négligé les agacements de la différence. Le jour où enfin on se jure d'apprivoiser n'importe quelle différence, un monde de paix, d'amitié et d'humour s'ouvre à nous.

La grande marche vers cette civilisation de l'amour dont on parle tant doit passer par de très modestes efforts pour franchir les obstacles surgis d'un constat tout bête : «Mais tu ne réagis pas comme moi!» Eh non! Accepter vraiment l'autre comme autre, c'est remplacer l'envie de tuer une différence par l'art d'y voir une offre de vie.

À l'école de Thérèse

Je suis en train de vivre une année de redécouverte de Thérèse de Lisieux. Redécouverte? Sa fameuse petite voie est en effet revue à la hausse. On croyait qu'elle avait rendu la sainteté facile. Non, pas facile, mais possible. Ce n'est pas la même chose.

En fait, cette petite voie exige un renoncement très dur parce qu'il est terriblement humble et continuel, mais le génie de Thérèse, c'est de l'avoir rendu accessible à tous, c'est-à-dire aux petits.

Dans son livre remarquable *Réalisme spirituel de sainte Thérèse de Lisieux*, le père Victor de la Vierge nous conduit au cœur de la petite voie en décrivant ce qu'il appelle le mouvement d'abandon. Ce mouvement comporte trois moments, utiles à distinguer, mais dans la pratique ils se fondent en un seul réflexe spirituel : l'envol thérésien.

Supposons un choc, quelqu'un vient de nous accuser justement ou injustement. Première réaction : essayer de rester le plus lucide possible, en luttant contre toute dramatisation. Bien voir de quoi il s'agit, surtout si nous ne nous attendions pas à ça. Deuxième réaction : le plongeon dans l'humilité. Accepter d'être «comme ça». Imparfait, durement jugé. «Peu nombreux, dit Thérèse, ceux qui acceptent de se voir par terre et que les autres les y surprennent.» Cette humilité ne doit pas d'ailleurs nous bloquer dans ce que nous avons à faire. Nous rendre timoré : «Je suis toujours le même, je ne sais rien faire de bien.» C'est encore de l'orgueil. Bien plus modestement, il s'agit de retrouver la paix. Mais cela demande une troisième réaction, la plus importante : l'élan vers Dieu. Surtout, ne pas rester seul dans son coin à ruminer l'affront ou notre faiblesse. Bondir en Dieu, utiliser ce souci, comme tout souci, pour aller à Dieu avec plus d'amour.

Lui présenter ce qui nous arrive, avec si possible un peu d'humour. Le seul fait de nous maintenir près de lui va relativiser beaucoup de choses. Mais on voit l'importance des deux premières réactions. Si nous ne faisons pas un rapide effort de lucidité et d'humilité, nous allons traîner au sol sans pouvoir nous envoler vers Dieu. Nous ne serons pas assez pauvre, pas assez petit pour lui demander l'amour dont nous avons besoin si nous voulons redevenir paisible, aimable et souriant. Car c'est cela, la sainteté à acquérir par la petite voie.

De loin, ça paraît enfantin, mais dès qu'on essaie, on voit bien qu'on va avancer en plein héroïsme à la Thérèse.

Elle n'a refusé aucun effort pour rester dans l'humilité, mais aussi la certitude que Dieu donne tout aux petits.

« Un Fils nous est donné »

« Un enfant nous est né ! » Nous mettre en contemplation devant un enfant, c'est bien Noël. Mais à force de tendresse devant un bébé, nous risquons de manquer la deuxième partie de notre contemplation. « Un Fils nous est donné ! »

Dès que Jésus, à douze ans, a voulu révéler quelque chose de son mystère, il a dit à Marie et Joseph stupéfaits : « Ne savez-vous pas que je dois être chez mon Père ? » Et, sur la croix, sa dernière parole fut pour son Père : « Père, entre tes mains je remets mon esprit. »

Il n'y a pas, il ne doit jamais y avoir Jésus sans son Père. Même à Noël, où la fixation sur l'enfant risque de nous faire oublier la parole qui nous ouvre aux profondeurs de Jésus : « Qui me voit voit le Père. »

On pense spontanément au Jésus des prédications, des miracles et des miséricordes extrêmes. Mais même devant l'enfant de la crèche notre prière serait plus riche si résonnaient en nous les mots du mystère de l'incarnation : « Philippe, tu ne crois donc pas que je suis dans le Père et que le Père est en moi ? » (Jean 14, 10).

Mystère d'une unité que Jésus s'efforcera désespérément de faire entrevoir à ses auditeurs fermés : « Je suis un avec le Père. » À Noël souvenons-nous de cela : Jésus c'est toujours le Fils, mais le Père et lui ne sont qu'un.

Difficile à comprendre? Bien sûr, ce sera le grand étonnement de notre premier instant après la mort.

En attendant nous ne pouvons pas comprendre, mais sans tout comprendre on peut contempler. La foi enjambe ses propres frontières. C'est Noël quand les émerveillements, les joies et les tendresses vont jusqu'à nous faire penser qu'en Jésus le Fils nous atteignons Dieu.

Et nous devenons Dieu. L'offertoire de la messe de minuit ose aller jusque-là : «Dans un prodigieux échange, nous devenons semblables à ton Fils, en qui notre nature est unie à la tienne.»

Toujours ce mystère d'unité qui inclut Jésus dans son Père et nous en Jésus. Un Fils nous est donné pour que nous devenions des fils : c'est l'évangile de la messe du jour, sommet de toutes les révélations de Noël : «À ceux qui l'ont reçu et qui croient en son nom il a donné de pouvoir devenir enfants de Dieu.»

Quand il modelait Adam, Dieu modelait son Fils et nous tous en son Fils. Si nous avons des problèmes avec Dieu, il faut essayer de les voir dans la lumière du premier matin de l'homme : Tu es bien plus qu'une œuvre née de mes mains, tu es mon fils. Jésus dira : Vous voulez vraiment prier? Dites : Père.

L'enfant de la crèche est là pour faire de nous des fils. Il va parler, il va mourir et ressusciter pour qu'un jour, en regardant avec amour des foules immenses, Dieu puisse dire : «Vous êtes mon peuple de fils.»

Nous allons penser à bien des choses en regardant l'enfant de la crèche. N'oublions pas l'incroyable fête des mots : Un Fils nous est donné pour que nous devenions des fils.

Élargir en nous un cœur fraternel

Une fois de plus je viens d'entendre l'affirmation : «Je suis croyant mais pas pratiquant.» Roger, qui me dit cela, est un bon chrétien manifestement heureux de me faire plaisir. «Vous voyez, j'ai la foi.»

Lassé d'expliquer que sans pratique il ne peut y avoir qu'une foi mutilée et anémique, je demande à Roger la permission de lui lire l'appel pathétique de Jésus : «Je suis le Pain vivant descendu du Ciel. Si quelqu'un mange de ce pain il vivra à jamais. Et le pain que je donnerai c'est ma chair livrée pour la vie du monde. Celui qui mange ma chair et boit mon sang demeure en moi et moi en lui» (Jean 6, 51-58).

— Ma pratique, objecte Roger, c'est d'aimer mes frères.

— Comment les aimes-tu?

C'est si difficile d'aimer comme Jésus nous demande d'aimer! Voilà pourquoi il a fait de la messe un merveilleux ravitaillement d'amour : Venez prendre ma vie si vous voulez vraiment vivre ma vie.

Le jour où l'on comprend cela, on aime la messe. Elle n'est plus une simple sortie dominicale, mais l'heure précieuse où, par la parole et le pain, on pourra devenir de plus en plus fraternel.

De l'éternité où il vit maintenant près du Père, par l'incroyable puissance sacramentelle qui peut vaincre l'espace et le temps, Jésus vient nous offrir une de ses présences, celle qu'on appelle la présence réelle.

Ce n'est pas une présence «pour être là», mais pour travailler avec nous au salut du monde. Ce salut, nous le savons, c'est la qualité et l'expansion de l'amour. Totalement amour par sa mort-résurrection, Jésus vient nous communiquer cet amour. À nous d'être assez éveillé pour aller manger l'amour quand nous nous dirigeons vers l'hostie.

Celui qui sort d'une messe sans avoir envie d'être plus fraternel n'a pas réussi cette très spéciale rencontre avec le Christ. Il n'est allé qu'à un exercice d'assis-debout ou à un doux moment de pieuse rêverie. Pourtant, dès le rite pénitentiel et jusqu'à l'*Agnus Dei*, il nous est demandé de purifier et d'élargir en nous un cœur vraiment fraternel.

Au garçon qui au moment du signe de paix s'avançait tout souriant vers sa voisine — «On se fait une bise?» — la grande dame de Passy, suffoquée, a répondu : «Mais, monsieur, je ne vous connais pas!» Que venait-elle faire à la messe, sinon connaître un peu mieux et aimer? Enthousiasmés par les messes d'amour des grands rassemblements, les jeunes sont déçus de retomber ensuite dans la froideur guindée de beaucoup trop de célébrations.

Ils n'y retombent pas, d'ailleurs! Et on se désole de les voir déserter des cérémonies qui ne les aideraient pas, pensent-ils, à mieux aimer.

Inutile d'ajouter des guitares si elles ne sont pas là pour chanter l'amour vrai. Celui qui se bat pour qu'il y ait plus d'amour dans le monde.

L'écrin de silence

L'été dernier j'ai fait un peu de montagne avec une famille délicieuse, les Robien : un garçon et deux filles de dix à quatorze ans. Arrivés au sommet, c'était si beau que j'ai proposé de faire une prière, et j'ai tout de suite lancé énergiquement un Notre Père, puis repris dans la foulée notre conversation.

J'ai senti un silence gêné. Éric, qui à dix ans a encore tous les culots, m'a carrément tancé.

— On n'a pas dit un vrai Notre Père.

— Il était tout sec, tout nu, il n'avait pas d'écrin, a précisé Océane.

— Un écrin?

— Ben oui, un peu de silence avant et après.

Devant mon étonnement, la maman a pris le relais.

— Nous avons découvert cela dans une abbaye. Les moines faisaient naître doucement du silence tous leurs Notre Père. À la fin, ils couchaient aussi dans le silence leur dernier Notre Père. C'étaient des silences courts mais enveloppants, on avait l'impression que ces Notre Père étaient présents sur un bel écrin très beau et très doux. On croyait que ce serait pareil avec vous.

Je n'ai pas oublié cette leçon gentille mais ferme. Je souffre maintenant quand j'entends massacrer n'importe quel Notre Père, je pense qu'ils méritent tous d'être déposés sur un écrin de silence. Que ce soit le

Notre Père dit en groupe, ou le Notre Père que nous chuchotons seul pour reprendre intérieurement contact avec Dieu.

Il me semble que toute prière a un extérieur et un intérieur. Ceux qui nous voient prier ont vite fait de voir si vraiment nous sommes intérieurement avec Dieu.

Nous détestons n'être pas écoutés. Mais nous infligeons très souvent à Dieu cet affront et cette peine.

Cela vient peut-être de ce que nous ne voyons pas très bien, dans nos vies, l'union entre le silence et la prière. Instinctivement nous sentons que notre prière a besoin d'un écrin de silence, mais, comme le silence devient maintenant une denrée rare, au lieu de le chercher un peu mieux nous décidons très vite que «ce n'est tout de même pas là qu'on peut prier»!

Résultat, on gâche même les meilleurs écrins de silence! Quand je me revois sur ce sommet avec les Robien, je regrette d'avoir brisé la prière qu'ils désiraient, née du silence, pour faire un peu plus de bruit avec un Notre Père mal intériorisé.

C'est finalement cela, l'écrin de silence : l'ouverture de notre intérieur, pendant quelques minutes, à des retrouvailles avec le Seigneur de telle sorte que nous ayons vraiment envie de lui parler, comme lui a envie de nous écouter.

Non seulement nous perdrons moins d'extraordinaires écrins de silence, comme celui que nous offre un sommet de montagne mais, de retour à la vie plus ordinaire, nous saurons mieux sauver tous nos silences. Près d'un malade où nous devons prier pour deux. Pendant une attente chez le dentiste. Ou près d'un gosse entêté qui ne veut pas manger : «Seigneur, tu les aimais, ces tout-petits. Je suis plus que jamais près de toi quand ils m'offrent de curieux écrins de silence!»

En quête de plénitude

Madame Titania regarde avec un peu d'agacement son fils de quinze ans perdre des heures à revoir les photos de leurs vacances familiales.

— Nos vacances ont été un grand bonheur, mais il faut se hâter de reprendre la vie ordinaire.

— Pourquoi se hâter? Rêver encore aux vacances, ce n'est pas défendu!

— Non, mais c'est de la vie perdue. Comme toujours quand on traîne dans les souvenirs.

— Tu ne vas pas me dire que regarder nos photos de vacances, les trier, réaliser un bel album, c'est du temps perdu?

— Non, si cela ne retarde pas trop la grande plongée dans la vie quotidienne ordinaire qui nous attend ici, pas en Grèce.

— La vie ordinaire, c'est pas de la vie!

— N'agite pas trop vite un slogan qui est le pire gaspilleur des jours ordinaires où tout paraît vide et morne. On attend la plénitude, mais ce sont les cheveux blancs qui arrivent.

— Qu'est-ce que tu appelles plénitude?

— Tu sais, longtemps j'ai cherché la plénitude dans mon travail de secrétaire de direction où j'engloutissais joyeusement toutes mes forces. Mais dans ce même travail, des collègues s'ennuyaient et ne rêvaient qu'aux vacances. J'ai fini par comprendre que la magicienne de nos jours, c'est notre puissance de métamorphose. Là, le zen est une belle sagesse : «Quand je fais ma toilette, je fais ma toilette ; quand je lis un livre, je lis un livre ; quand je suis en vacances, je suis en vacances ; quand je reprends le travail, je reprends le travail.» Ça a l'air très simple, mais essaie. Ce qu'on fait avec attention et amour devient souvent une plénitude.

— Même reprendre la philo avec M. Castaing ?

— Oui, si tu crois plus fortement que la philo fait de toi un homme. Mais la rentrée, ce n'est pas seulement M. Castaing, c'est aussi tes camarades de classe et de sport, ton ordinateur. En fait, je ne connais plus qu'un ennemi de la plénitude, c'est le sentiment de corvée.

— Comme tu dis ça !

— Par dépit. Depuis ma session je m'aperçois que je gâche souvent de la vie faute d'attention.

— Ça fait un peu publicité, non ? Achetez l'éponge «attention» et vous effacez tout ce qui est corvée.

— On voit bien que tu n'as pas essayé. C'est très insidieux et très résistant, la notion de corvée. Il faut croiser le fer chaque fois qu'elle se manifeste. Sans attendre ! Le plaisir des vacances, c'était hier ; la plénitude de la rentrée, c'est tout de suite.

— Adieu les photos de vacances ?

— Non, mais adieu les nostalgies des vacances qui s'appellent Brigitte.

— Tu vas jusque-là ? Je dois couper avec Brigitte ?

— Pas forcément, si elle est plus qu'une amourette de vacances.

— Comment le savoir ?

— Dès que tu constateras que sortir avec elle devient une corvée, n'insiste pas, ta Brigitte n'était qu'un passe-temps.

— C'est possible de faire tout le temps la guerre à la corvée?

— C'est possible, mais très difficile. Sauf quand on est bien convaincu que le sentiment de corvée est le plus grand obstacle sur le chemin de la plénitude.

Le mystère de la souffrance

Dans l'évangile de saint Luc, un verset frontière, le 9, 51, marque la fin des douceurs de Galilée et le début des jours graves que l'on appelle «la montée vers Jérusalem», la montée de Jésus et notre propre montée : «Alors qu'arrivait le temps où il allait être enlevé du monde, Jésus prit la décision de monter à Jérusalem.»

Comment ne pas penser à l'autre bout de cette effrayante montée qui ne cessera de se dresser comme un mur de mystère tant que des hommes devront souffrir : «Ne fallait-il pas, dira Jésus aux pèlerins d'Emmaüs (Luc 24, 26), que le Christ souffrît pour entrer dans la gloire?» Le Christ, et nous derrière lui.

Dès les premiers pas vers Jérusalem, trois hommes viennent successivement dire à Jésus : «Je veux te suivre!» Quel que soit le point où nous en sommes, la seule chose importante, c'est de retrouver ou d'accentuer cet élan : «Je veux te suivre!» Même dans sa montée vers Jérusalem, même sur son chemin de souffrances.

Mais pourquoi *fallait-il* ses souffrances? Et maintenant les nôtres? Il n'y a pas la réponse dans l'Évangile, ce sera toujours le mystère de notre condition humaine, bloc de joies et de peines. Nous devons faire confiance à l'amour du Père et dire comme Jésus : «Que ce calice s'éloigne de moi, mais pas ma volonté, la tienne.»

Nous saurons, un jour, comment cette volonté était une volonté d'amour.

En attendant la pleine lumière, la seule chose qui compte, c'est de savoir souffrir. On l'apprend non par théorie, mais dans des expériences. Expérience de Jésus : de ses souffrances et de sa mort a jailli une telle puissance d'amour qu'elle a éclaté en résurrection et en salut pour tous les hommes. Les souffrances vécues par nous et autour de nous ont fait parfois éclore des fleurs étonnantes de courage et d'amour.

Suis-je en train de magnifier la souffrance? Non, elle est laide, absurde, souvent elle écrase et avilit, il faut la combattre. Mais quand elle devient impossible à vaincre, reste à lui arracher l'étrange richesse qu'elle recèle : le pouvoir de nous purifier, de nous grandir et de faire de nous des sauveurs avec le Sauveur.

Prière à Notre-Dame

Une fois de plus, Marie, je vous offre mon émerveillement. Je regarde, fasciné, votre totale réussite. En vous tout est bon. Par vous, le Seigneur a su enfin qu'il avait bien fait de nous créer et de nous aimer. Vous réussir à ce point récompensait sa longue patience depuis le *big bang* jusqu'à vous. Maintenant, quand il vous regarde, il sait ce que nous pourrions être. Mais comment vous suivre ? Souvent je vous redemande votre secret.

Secret de théologiens ! Ils expliquent de mille façons le jeu avec Dieu où vous avez été extraordinaire. Ils disent : don ET accueil ; vocation ET consentement ; appel ET réponse. Le secret (nous le savons bien), c'est de tenir serrés les deux mots. Dieu donne ; vous, vous avez su accueillir. Dieu offre à chacun une histoire de vie : vous seule avez totalement consenti. Dieu appelle : vous avez répondu avec un tel élan que le Seigneur n'avait jamais entendu un oui pareil dans lequel vous mettiez tout d'avance. C'est le secret.

Au bout de vos mystères joyeux, douloureux et glorieux, votre oui était si épanoui que le Seigneur ne pouvait plus tenir. Il vous a dit : « Viens ! »

Dieu envoie la balle, à nous de la renvoyer promptement. On appelle aussi ce jeu : correspondre à la grâce, adhérer à la volonté de Dieu. Des mots très sérieux.

Mais c'est en vous regardant prier qu'on apprend les règles : l'ouverture du cœur, l'écoute fine de l'Esprit, la folle confiance. Et le oui qui reprend le plus surprenant : «Je veux ce que tu veux. »

Marie, apprenez-nous à renvoyer la balle.

Là-dedans il y a des bonheurs...

J'ai longtemps refusé le vocabulaire du vieillissement : troisième âge, âge d'or, retraite heureuse. Et les petites phrases assassines : «Vous aurez un parc tout près de votre maison de retraite... Vous pourrez vous mettre au patchwork, ou à l'aquarelle.» Pire : «Vous allez enfin pouvoir prier... Vous prierez pour les actifs.» Comme si l'activité n'avait pas besoin de prier pour elle-même! Et comme si les gens qui ne priaient guère se métamorphosaient en carmélites le jour de leurs soixante ou soixante-cinq ans, n'ayant plus le choix qu'entre la prière et la pétanque, puisqu'ils sont désormais des inactifs!

Inactifs? C'est bien tout de même le danger et la tristesse... Et on ne les conjure pas par des astuces de continuité (rester jeune!). C'est là que je change, j'accepte maintenant mon «troisième âge» parce qu'une nette acceptation est la meilleure façon de bien vieillir. Tourner la page, pousser la porte d'un nouvel âge.

On ne sera pas un inactif, on sera un autrement-actif. On priera plus ou moins, mais autrement. La grande question est de s'arracher à des habitudes et à des performances pour exploiter du nouveau.

Un nouveau difficile, car il n'y aura pas, désormais, des habitudes et des performances, demain sera péniblement différent parce que toujours plus limité.

Quand je me suis mis à soupirer : «Dire qu'il y a six mois je faisais des kilomètres sans problème!... Dire que je ne peux plus travailler le soir!», un ami m'a stoppé : «Si tu ne veux pas perdre tes "hier", tu vas perdre tes aujourd'hui.»

Aujourd'hui? Usure physique, maladies, diminution inexorable des possibilités, avancée vers la fin. Inutile de se leurrer, c'est ça le troisième âge. Mais là-dedans il y a des bonheurs. Tourner la page, c'est devenir une sorte de «ravi» des bonheurs au jour le jour. Par exemple, puisqu'on parlait prière, c'est vrai que le troisième âge donne le temps de faire oraison. Le temps aussi d'être paisible et tendre, les enfants raffolent de nos yeux doux.

Une grand-mère me rapportait un mot de sa petite-fille : «Mamie, il y a toujours du rire dans tes yeux.» Je crois, ajoutait-elle, que ma grande chance aura été de pouvoir rire même à mon troisième âge : «Bonjour, vieillesse!»

Ils sont en recherche...

Il y a quatre ans, une jeune fille me confiait qu'elle se sentait appelée à la vie religieuse. Depuis, elle ne cesse de me dire : «Je suis en recherche.»

J'ai connu un temps où on se lançait plus vite. Mais, autre expérience, je viens d'interviewer des jeunes qui vont se marier et qui vivaient depuis cinq ans en cohabitation juvénile. Devant ma perplexité, ils m'ont expliqué : «Il y a tant de ratages actuellement que nous voulions être sûrs.»

«Être sûrs.» Dans un monde où l'on claironne les statistiques d'échecs, je commence à comprendre pourquoi l'expression «être en recherche» envahit forcément tous les domaines. Un garçon de trente ans, très croyant, vient de me dire : «Pour ma foi, je serai toujours en recherche.» Et cette femme de soixante-sept ans : «Dieu, je le cherche.» C'était un peu facile de la renvoyer à saint Augustin : «Si vous cherchez Dieu, c'est que vous l'avez déjà trouvé.» Mais c'est bien la grande lumière pour notre époque chercheuse.

Nous ne sommes pas les chevaliers de la table rase, il y a derrière nous et pour nous un énorme acquis ; nous célébrons une liturgie qui nous demande de «faire mémoire» avant de nous relancer dans la vie. Nous appartenons à une Église qui a autant de mémoire que d'invention.

«Pas assez d'invention, me répliquait un jeune à qui j'affirmais cela ; on fait un fabuleux Concile, on mijote de sensationnels synodes, et puis on retombe dans la répétition. »

Je ne crois pas. Il mesurait mal à quel point la recherche fait tout bouger. En théologie, en catéchèse, en liturgie, dans la collaboration prêtres-laïcs et la place que prennent les femmes. Les si difficiles problèmes actuels de morale nous maintiennent en alerte et forgent des chrétiens de plus en plus responsables de leur vie et du monde. Quand les jeunes couples osent affirmer en ce moment : « Nous vieillirons ensemble », ils savent que cela leur demandera une fidélité constamment en recherche d'amour neuf.

J'ai écrit « fidélité » et je vais maintenant ajouter « décision ». La recherche a ses caricatures : l'instabilité et la peur de s'engager, surtout à la vie ! Contre cela une vraie recherche doit jouer en même temps deux autres cartes : l'enracinement et le courage de la décision.

Si la bougeotte énerve les aînés, c'est trop évident que l'immobilisme hérisse les jeunes. Je crois que, dans ce monde du chambardement devenu chronique, ce qui peut éveiller des sympathies réciproques, ce n'est pas n'importe quelle recherche, mais une recherche du sens, comme disent volontiers les jeunes : « Expliquez-moi pour quoi je dois vivre. Et vers quoi nous allons. »

Si tu me vois là, tu vois Dieu

Chaque année nous recevons l'invitation : «Un Sauveur est né pour vous aujourd'hui. Pour le trouver, voici le signe, il est couché dans une mangeoire.»

L'enfant qui est là dira un jour : «Qui me voit voit Dieu.» Si je vois Dieu à la crèche je suis sauvé, je sais comment Dieu veut être vu et tout ce que cela entraîne dans ma vie. Il veut être vu dans l'infinie pureté de la pauvreté. Dépouillé des richesses dont je l'encombre et des richesses dont je m'encombre. Rien ne gêne alors pour se comprendre et pour communier. Il peut me dire l'essentiel : Je suis amour et tu es sauvé quand tu entres en amour.

Ces choses-là sont mille fois dites, mais les prétentions et les possessions crient plus fort. Dieu aime les pauvres parce qu'il peut parler dans leur silence.

Il a ses façons de parler. L'enfant de la crèche ne dit rien. Quand les pères du Concile ont voulu montrer comment le Christ a révélé Dieu, ils ont buté sur l'ordre des mots : par des paroles et des gestes? Non, «par des gestes et des paroles». Et même, à la crèche, sans paroles.

Dans ce silence nu il se révèle aux cœurs qui disent non à la suffisance et aux soucis païens. Cœurs de pauvres. Cœurs devenant pauvres en découvrant à quel point Dieu est étranger à ce que nous appelons richesse.

Quand on revient de la crèche, on voudrait parler de cette pureté de la pauvreté : Je ne tiens à rien que d'aimer ; ne tiens qu'à cela, toi aussi, et tu verras quelles richesses de communion nous seront données.

Au milieu des favellas, des accueils de nuit et des clochards, partout le Christ nous dit : Si tu me vois là, tu vois Dieu.

Tu n'étais pas avec moi...

Après beaucoup d'études sur la prière et d'efforts personnels, je deviens de plus en plus certain que prier, c'est être uni à Dieu. Définition qui n'est pas aussi simplette qu'elle en a l'air si on l'explicite un peu.

D'abord, notez bien le «être uni» et non pas «s'unir». C'est quasiment fatal : quand il s'agit de prière, nous imaginons d'abord un effort pour nous unir à Dieu, comme si Dieu était loin et qu'il faille partir en voyage avec lui. Saint Augustin réagissait ainsi, quand il a entendu une voix intérieure : «J'étais avec toi, mais toi tu n'étais pas avec moi!»

La prière est donc une question de présences : présence de Dieu et présence à nous-même pour être présent à Dieu. Trop de prières sont des non-présences, début machinal, suite distraite et final pressé. Mélancolie de Dieu : «J'étais là, mais toi tu n'y étais pas.»

Dieu est toujours là. Avant nous! Nous sommes toujours unis à lui. Alors, à quoi bon prier? Pour être là, nous aussi. Pour être si présents à notre action de prier, si totalement mobilisés que nous allons pouvoir prendre conscience de la présence de Dieu et vivre deux à trois minutes intensément unis à lui.

Parlez-moi de rosaire, d'oraison, d'intercession, de prière spontanée ou liturgique, je ne vous demanderai que deux choses : Est-ce que vous avez foi en la présence de Dieu? Est-ce que vous vous maintenez dans la conscience de cette présence? Si oui, nous prions; si non, nous jouons à prier.

Mais tout n'est pas dit sur cette union à Dieu. Jésus a observé les gens qui veulent prier et il fait une recommandation si étonnante qu'elle n'a probablement jamais été suivie: «Quand tu vas présenter ton offrande à l'autel, si là tu te souviens que ton frère a quelque chose contre toi, laisse ton offrande et va d'abord te réconcilier» (Matthieu 5, 23).

On ne peut pas lier plus fortement prière et vie fraternelle. La prière ne pousse pas dans les orties; l'orgueil, la méchanceté, l'égoïsme tuent en nous l'union à Dieu.

Je me souviens d'une sortie de messe où, dans un groupe, on cancanait dur. Un garçon de 15 ans s'exclama, écœuré: «Et dire qu'elles viennent de prier!»

Elles n'avaient pas prié; la prière ne vaut rien quand elle est fille unique, elle ne peut pas vivre sans son frère l'amour. Et pas non plus sans une sœur à laquelle on pense encore moins dans les débats sur la prière: la passion de la tâche humaine sans laquelle il n'y a pas vraiment union à Dieu. Dans une interview, le père Congar me disait que son adhésion à la volonté de Dieu, c'était «sa prière et sa vie». Spiritualité qui est aussi très ignacienne: trouver Dieu «en toutes choses».

Dès que l'on fait de la prière un alibi pour échapper aux appels de la charité fraternelle et aux exigences de la vie quotidienne, on s'en va tout seul dans son coin en perdant les richesses de l'union à Dieu. Inutile de chercher à prendre conscience de cette union de fils, si on la nie en étant mauvais frère ou mauvais ouvrier sur les chantiers de la vie.

Avant de se demander comment prier, il faut se demander: «*Qui* va prier?»

Droits de Dieu et droits de l'homme

Je supprimerais volontiers le pluriel et le petit *et* qui unit en divisant. Cela donnerait : « Le droit de Dieu, droit de l'homme. » Je ne joue pas avec les mots, je cherche à atteindre l'essentiel : un droit fondamental, le même pour Dieu et pour l'homme.

Quel droit ? Le droit à l'identité : être reconnu pour ce qu'on est et traité en conséquence. Nous sommes ici à la source de tous les droits.

Être juste envers Dieu, c'est reconnaître qu'il est Amour puissant et donc lui faire entièrement confiance. Quand on doute de son amour, ou quand on lui attribue des comportements de non-amour, on est injuste envers lui, même si on se prosterne et si on le louange.

Ce qu'il exige de nous est bien plus qu'une révérence, il a droit à une confiance très spéciale que lui seul mérite : « J'ai totalement confiance en toi et je veux te montrer cette confiance. Quelles que soient parfois les apparences contraires, je crois que tu es Amour, tu nous aimes, tu m'aimes. » À partir de là, toutes nos attitudes envers Dieu seront justes. Mais sans cette adhésion d'acier à la conviction qu'il est Amour, on tombe dans des aberrations qui sont les pires atteintes au droit de Dieu.

Laisser croire maladroitement que Dieu « prend plaisir à notre souffrance, qu'il s'en sert pour nous punir ou nous éduquer», c'est faire de lui un Dieu pervers, le plus puissant et le plus inventif des bourreaux. Parler de son bon plaisir, c'est le caricaturer en Louis XIV. Présenter très mal les exigences évangéliques, c'est le transformer en dieu écrasant. Dès qu'on lâche l'amour, on est injuste envers Dieu, on ne le reconnaît pas pour ce qu'il est.

Parce que nous sommes nés de cet Amour, et faits pour aimer, notre droit essentiel d'homme est d'être reconnus comme capables d'aimer et, d'une façon ou d'une autre, dignes d'être aimés.

On parle beaucoup de dignité. Mais la suprême dignité des hommes, leur identité, c'est d'être tous des fils de Dieu, donc tous des frères.

Justice, liberté, égalité ne sont précieuses à vivre que dans un monde de frères, seule source d'un droit solide, fin et chaud. Sinon les droits les plus infimes, menacés par un mur mitoyen ou l'agressive télé du voisin, tournent vite à la guerre.

Bien sûr, l'amour ne règle pas tout. En face de ma fraternité souriante, je peux voir se dresser la froideur et la hargne, nous en sommes trop souvent là. Mais nous ne ferons bouger ce monde encore si dur et injuste qu'à partir des deux identités sur lesquelles se fondent les droits. Si j'essaie de vivre en fils de Dieu, dans la confiance, je pourrai plus facilement dire à quelqu'un : «Tu es mon frère» et respecter avec amour tous ses droits. Il n'y a pas que des chrétiens? Non, mais on leur demande d'être sel et lumière pour faire avancer le règne du droit de Dieu, à l'intérieur duquel peuvent s'épanouir les droits de l'homme.

« Je suis à vous »

Je viens de dire cela : «Je suis à vous dans deux minutes» à une dame qui voulait m'entretenir d'une affaire compliquée. Mais j'étais moi-même en souci d'un rendez-vous difficile à obtenir et que finalement on m'a refusé. Du coup, j'ai mal écouté mon interlocutrice. Lorsque nous disons : «Je suis à vous», est-ce vrai?

Il faudrait aller plus loin que se vouloir accueillant : aller jusqu'à vouloir être accueil. La différence est grande. Être accueil, c'est tourner immédiatement le dos à nos soucis, à nos humeurs, à nos craintes, pour nous mobiliser, attention aiguë et sympathie offerte : «Je suis vraiment à vous.»

Devenir ainsi entièrement accueil est quelque chose de fou, comme tout réflexe d'Évangile. Mais aussi fou soit-il, l'Évangile appelle en même temps la sagesse : Toi, l'accueillant tous azimuts, tu vas être «la brebis au milieu des loups», reste «candide comme la colombe», mais deviens «rusé comme le serpent» (Matthieu 10, 16).

L'accueil sera bien le réflexe premier, mais le tri et la fermeté seront les réflexes seconds. Tout accueillir, à condition de maîtriser nos accueils. Une mère va-t-elle accepter comme amis de ses enfants un garçon qui se drogue, une fille légère? Elle devra vérifier sa force de conseil, la capacité de résistance de ses enfants, la confiance en elle des uns et des autres. L'accueil sans discernement et sans fermeté ne serait pas de l'amour, mais de la complicité.

On a fait ce reproche à Jésus : Regardez-moi ça ! « Cet homme-là fait bon accueil aux pécheurs ! » (Luc 15, 2). Les pharisiens ne voulaient pas voir que son accueil restait merveilleusement pur de toute compromission. Nous serons nous aussi sûrement critiqués ; peu importe, si nous sommes Jésus jusqu'au bout. Je t'accueille, mais je ne pactise en rien avec ce que tu fais de mal et je te veux en progrès.

L'accueil très fou et très sage réalise des choses étonnantes. Des jeunes disent qu'un mot a changé leur vie : « Vous êtes chez vous… Revenez quand vous voudrez… Notre maison sera toujours ouverte. »

Cela peut changer aussi notre vie : choisir d'être accueil, c'est choisir d'être constamment un magnifique.

Traversée

Chrétiens, nous sommes des voyageurs. Toute la Bible le dit à partir d'Abraham : «Il s'en alla sans savoir où il allait.» Au début de notre vie, nous ne savons pas où nous allons. Au milieu de notre vie, nous ne savons pas comment nous finirons.

Mais nous savons que nous pouvons toujours marcher avec Dieu. Quelle certitude! Quel soleil dans n'importe quelle nuit! Par la foi, nous tenons la main de Dieu, nous n'avons rien de plus précieux que la foi : «Par la foi, répondant à l'appel, Abraham obéit et partit pour un pays qu'il devait recevoir en héritage» (Hébreux 11, 8). C'est notre grand voyage et, à l'intérieur de celui-ci, tous nos voyages.

Ou plutôt nos pèlerinages, car le voyage chrétien n'est pas une route ordinaire, puisqu'il se fait avec Dieu. Et il est trilogie selon le grand modèle biblique de l'Exode : le départ, la traversée du désert et l'entrée en Terre promise.

Deux moments festifs encadrant un moment difficile, c'est la clé de l'existence chrétienne et nous vivons mal quand nous ne savons pas reconnaître un de ces trois temps.

Un seul sera pure joie : le grand final, la rencontre, l'entrée dans les soleils d'éternité. On y pense un peu à vingt ans, beaucoup à partir de soixante-dix ans ; on l'oublie trop en pleine maturité active. L'Évangile, pourtant, ne cesse de nous rappeler que nous sommes embarqués. Nous ne saurons ce qu'était la vie, ce qu'était un homme et qui est Dieu qu'en débarquant sur l'autre rive.

En attendant, il y a les grands et les petits départs, à la manière de notre père Abraham. À la manière de Jésus, Verbe éternel quittant le Père pour s'engager dans l'aventure humaine. À la manière de Marie quittant la très ordinaire vie de Nazareth pour commencer l'extraordinaire chemin de l'Assomption.

Nous avons nous aussi nos commencements et, en fait, nous sommes toujours en train de faire nos valises : le départ du nid pour la maternelle, les débuts d'une vie professionnelle (le premier salaire!), le mariage, la paternité, la vocation religieuse et nos cent départs, changements de vie, voyages-vacances, voyages-famille. Ils sont le plus souvent des exodes joyeux, des appels à s'ouvrir à d'autres frères, d'autres réalités de la vie. Qui n'est pas souple au changement n'est pas fait pour la vie.

La partie longue de la route est souvent la traversée d'un désert. Une chose importante que les jeunes doivent apprendre : partout les attend l'épreuve de la durée. Même pour une simple croisière de plaisir, après l'excitation du départ, il y a les incidents, les petites déceptions, les ennuis physiques, les gens désagréables.

À plus forte raison, la croisière de l'existence exige cette endurance dont nous parlent tant les lettres des apôtres. Tenir! Un homme est un homme dans la mesure où il tient. C'est moins glorieux que les grands rires des départs et les émerveillements des arrivées, mais les longues patiences sont aussi notre grandeur.

Elles, surtout, tiennent la main de Dieu. Traversée

du deuil, de la solitude, de la maladie, avancée vers la dernière escale. Quand Dieu appelle et que nous nous lançons vers une autre rive, c'est toujours une offre de traversée dans les eaux de la foi.

Achevé d'imprimer en juillet 1999
dans les ateliers de Normandie Roto Impression s.a.
61250 Lonrai

Imprimé en France
Dépôt légal : juillet 1999
N° d'édition : 4686. N° d'impression : 991532